AF385358

NOTICE
PITTORESQUE ET PHYSIQUE,

SUR

SAINT-VALERY-EN-CAUX.

Imprimerie typographique de GENÊTS-LEMAITRE,
Cour de l'Abbaye, à Fécamp.

NOTICE
PITTORESQUE ET PHYSIQUE

SUR

SAINT-VALERY-EN-CAUX,

PUBLIÉE PAR LE JOURNAL DE FÉCAMP EN 1845,

SUIVIE D'UN APERÇU GÉOLOGIQUE DE LA MÊME CONTRÉE ET
D'UNE OBSERVATION ARCHÉOLOGIQUE,
CONCERNANT LES RUINES DU CHATEAU D'ARQUES,

PAR

Le Docteur L. Eugène ROBERT,

Membre des Commissions Scientifiques du Nord.

FÉCAMP,

IMPRIMERIE GENETS-LEMAITRE.

—

1843.

NOTICE

HISTORIQUE DE PUGNADORE

SUR

AJAC-LA-COMBAL-VILLE

[illegible] DE 1817,

[illegible]

PAR

Le Docteur B. Vimont [illegible]

[illegible]

NOTICE

PITTORESQUE ET PHYSIQUE

SUR

Saint-Valéry-en-Caux.

Petits maîtres et petites maîtresses de Paris, que la longueur et les difficultés inhérentes aux voyages, effrayent ordinairement ; vous, qui n'aimez pas traverser les mers, ni marcher à côté des précipices, pour aller voir des monumens remarquables, des mœurs et des usages différens des vôtres, pour aller admirer les choses les plus curieuses et les scènes les plus imposantes de la nature, prenez tout simplement le chemin de fer de Rouen et les voitures publiques qui mènent de cette ville aux ports de mer voisins ; le soir même de votre départ de la capitale, vous vous trouverez comme par enchantement, sans ennui ni fatigue, sans que votre toilette en ait souffert sensiblement, rendus au but tant désiré.

Laissons de côté, le parcours du chemin de fer qui suit les rives si pittoresques de la Seine et franchit pour abréger, plusieurs fois en ligne directe, les grandes sinuosités que ce fleuve forme par ses atterrissements ; passons sous silence, la ville de Rouen avec ses vieilles et merveilleuses églises gothiques, ses grandes manufactures, sa forêt de mâts etc ; tout cela n'a-t-il pas été récem-

1.

ment à l'occasion de l'inauguration du chemin de fer, l'objet d'une peinture très animée dans le *Journal des Débats* ? Traversons de riches cultures bordées d'arbres qui courberont bientôt sous le poids des fruits destinés à faire la boisson aussi agréable que salutaire du pays et arrivons à St. Valéry en Caux.

A peine avez vous échappé au tumulte, au brouhaha de Paris, qui se retrouvent encore un peu dans la capitale de la Normandie, que succède ici un calme parfait, que se révèle une toute autre existence ; la grande voix de l'Océan, répétée par les échos de la falaise et le bruit déchirant que font entendre pendant la tempête, les galets du rivage remués par des lames courroucées, viennent seuls troubler le repos de la nature et remplir l'âme d'une religieuse émotion. A cette population variée, si active, si bruyante de nos deux grandes villes, fait ici contraste, une réunion paisible de marins et de pêcheurs, les mains à fond de poche, quand ils ne sont pas à la mer, de cauchoises qui aident au déchargement des bateaux remplis de maquereaux et de harengs salés en attendant le moment favorable pour aller à la marée basse, ramasser entre les rochers, des moules, des crabes des crevettes, des salicoques etc. De temps à autre seulement l'empressement que ces dernières mettent à qui portera le plus de hôtées de poissons, donne lieu à de vives disputes, mais semblable à l'eau froide qui tombe dans un liquide bouillant, soudain avec quelques mots énergiques, le grand distributeur apaise ce tumulte féminin et tout rentre dans l'ordre. Pour la seconde de ces occupations qui ne demande pas une toilette plus recherchée, vous verrez les femmes laborieuses et surtout les jeunes filles qui s'y livrent, porter avec une certaine grâce des haillons, tranchons le mot, qu'une classe d'industrielles de Paris, bien connue, ne voudrait certainement pas mettre, mais examinez un peu ces Saint-Valérycaises courir au milieu des galets comme sur un tapis d'aubusson, tout en brisant à belles dents un morceau de pain assaisonné de vigneaux, littorines qui remplacent des noisettes, et qu'elles détachent au moyen d'une épingle : que de bonheur, de gaieté et d'indépendance empreints sur leur figure, et souvent que de beauté et de fraicheur sous leur grotesque accoutrement qui permet quelquefois d'apprécier une jambe bien faite et un joli pied emprisonné à demi par une chaussure qui a l'avantage de ne jamais s'éculer.

Hors du voisinage du port et dans les faubourgs de la ville, les occupations de maritimes deviennent rurales ; la tranquillité y est encore plus grande ; le grincement saccadé des métiers à la Jacquart, avertit seul que dans chaque maison, on y tisse des cotonnades pour les magasins de Rouen. Dans les momens de loisir et surtout pendant que la mer vient baigner la base des falaises, un seul jeu, aussi rustique qu'innocent, recrée toute la jeunesse de la ville, voire même les vieux de la cale et les anciennes de la côte : hommes et femmes, garçons et filles, pêle-mêle et jusqu'aux gamins, au lieu du disque que lançaient les Athéniens pour développer leurs forces musculaires, se servent de longues et lourdes quilles destinées à en abattre une autre couronnée de quelques pièces de monnaie et qui mettent à l'épreuve, les jambes, des spectateurs un peu grands ou la tête des enfans, quand ces morceaux de bois vont de travers.

Vous, qui regrettez de ne plus voir les pompes de la religion parcourir les rues, stationner dans les carrefours et sur les places publiques, pour y célébrer la Fête-Dieu, vous retrouverez encore dans toute son expression cette touchante cérémonie sur les côtes de la Manche. Le rez-de-chaussée des maisons devant lesquelles doit passer le cortége, sera tendu de blanc et les bâtimens de quelque contrée qu'ils soient auront leurs mâts pavoisés ; mais aussi c'est un grand jour de fête dans lequel tout le peuple va s'humilier et se prosterner. Immédiatement après les offrandes adressées au Créateur, sur des autels artistement improvisés et ornés de tout ce que les habitans possèdent de plus précieux, tableaux et gravures représentant des sujets religieux, vases de Chine, arbustes rares, fleurs naturelles et artificielles, dentelles, bijoux, fourrures, tapis, etc.: des mères de famille en graviront les dégrés et feront baiser à leurs plus jeunes enfans la place où le saint sacrement aura reposé. Quel vœu le spectateur philosophe ne doit-il pas former dans ce moment solennel pour que l'enfant encore plein d'innocence et de gentillesse, à qui une tendre mère vient de faire courber la tête sur un autel au milieu du forum et d'une foule indifférente, ne soit pas un jour, par suite de ses dérèglemens, forcé de reparaître sur cette même place, au milieu d'une foule attentive, de gravir des marches, et cette fois, de laisser courber sa tête, Dieu sait sous quelle main! mais éloignons ces tristes réflexions et revenons bien vite à notre sujet.

Sous le rapport pittoresque, Saint-Valéry est, on ne peut mieux partagé : il réunit des choses aussi disparates que frappantes; il y en a pour tous les goûts : d'un côté, la Manche, cette grande route de trois parties du monde en Europe, tantôt pleine, tantôt basse, calme ou agitée, sillonnée dans tous les sens par des bâtimens à voile ou à vapeur, les premiers prenant souvent, quand ils apparaissent à l'horizon, le beaupré en avant avec tous ses focs gonflés et les grands mâts confondus en un seul par leurs larges voilures, l'aspect d'un gigantesque coursier, hennissant sous son maître et faisant voler au loin la poussière : c'est Mercure à cheval avec sa valise pleine de coton ou de café; de l'autre, un vallon enchanteur qui laisse sentir à peine le souffle du vent, tandis que sur la côte dont il n'est séparé que par des monticules converts de riches céréales, de lin épais et de gras pâturages émaillés de fleurs, il se livre à toute sa rage et soulève les flots écumeux de la mer, bondissant, se dressant, puis retombant en berceaux sous lesquels l'air violemment emprisonné résonne comme un tonnerre lointain, ou bien glissant et ressemblant à des dards argentés projetés sur la grève noirâtre où rien encore ne rappelle mieux les pluies de feu artificielles, lorsque la lame se retire, que les filets écumeux qui la rejoignent en s'affaiblissant de plus en plus; d'une part, la nature est nue, désolée; on pourrait

se croire sur les côtes arides et glacées, non loin desquelles s'est perdu l'intrépide, le savant et infortuné de
Blosseville, si l'allouette qui chante au-dessus de la falaise
par le beau temps, si l'hirondelle qui mêle son vol hardi
à celui de la blanche mouette et de noires corneilles, ne
faisaient ressouvenir que l'on foule encore le sol de la belle
France: d'une autre, une luxuriante végétation étreint les
métairies de trois ou quatre gorges qui rappellent les
Vosges et même la Suisse; les hêtres, les chênes et les
ormes disposés en rangs serrés, sont à s'y toucher comme
pour se dédommager, de ce qu'ils ne peuvent croître sur
la falaise exposée à tous les vents; ils surplombent non
seulement par leurs tiges, mais même par leurs racines,
des chemins tortueux, profondément ravinés, des cavées
comme on les appelle avec beaucoup de justesse dans le
pays, tapissés des deux côtés de fougère et de lierre grimpant, qui après s'être emparés de la margelle des puits,
vont quelquefois sur la toiture humide des chaumières,
disputer la place à des touffes dorées de *sedum* ou écar-
lates de *geranium*; le feuillage épais des arbres vigoureux
que les rayons les moins obliques du soleil, ne peuvent
percer, procure enfin (n entretenant dans ces lieux privi-
légiés une perpétuelle fraîcheur, de délicieux abris pour
la promenade. Là où se termine en se trifurquant le grand
vallon de Saint-Valery, au milieu duquel la mer à marée
haute, forme comme un petit lac entouré de piles de
bois du nord, qui dégagent une odeur suave de thérében-
tine, perce le clocher de la vieille paroisse du pays, remarquable encore par son portail écussonné; ce qui reste
des vitraux de cette église, au devant de laquelle se trouve une croix supportée par une colonne torse en grés au
millésime de 1575, mérite aussi la plus grande attention,
et n'oubliez pas en prenant de l'eau bénite, les deux valves
d'un Tridacne qui la renferment, rapportées et données par
M. Cordonnier, capitaine au long-cours, et dont les di-
mensions sont presque aussi fortes que celles des bénitiers
de Saint-Sulpice à Paris, cités comme une grande ra-
reté.

2.

Voyons sous le rapport naturel ; à droite et à gauche du port, des falaises orgueilleuses s'élèvent à pic et semblent se perdre dans les nues quand des brouillards ne viennent que trop souvent obscurcir la surface de la Manche, et la confondre avec le ciel vaporeux même au plus fort de l'été. Malgré la hauteur et l'escarpement de ces remparts naturels qui défendent l'une des plus riches provinces de la France contre les empiétemens de la mer, les bêtes ovines se plaisent sur leur crête dentelée et descendent même dans les anfractuosités, pour y brouter des plantes imprégnées de sel marin qui donnent à la chair de ces paisibles quadrupèdes cette qualité tant recherchée des gastronomes. La blancheur de ces immenses murailles heureusement accidentées par de nombreux lits horizontaux de silex noirâtre, dont les formes bizarres sont généralement empruntées à des animaux mous, autrefois nourris au sein de la mer, et qui, devenus fossiles, sont là, comme autant de caractères hiéroglyphiques ineffaçables, tracés par la nature, ou de médailles qu'elle y a scellées, pour nous apprendre que la craie s'est incontestablement déposée de cette manière, c'est-à-dire lentement et par couches successives ; cette blancheur, dis-je, est encore tempérée par la souillure que des terres rougeâtres et caillouteuses, situées au dessus, occasionnent quand les grandes pluies les délayent. Au pied de ces puissantes masses crayeuses, jadis formées au dépens du calcaire primordial à moins d'admettre qu'elles résultent en grande partie de débris de polypiers et de tests d'infusoires, etc., émergées à la suite d'une révolution inconnue du globe ; au pied de cette barrière que la mer sape sans relâche pour en arracher des élémens qui doivent servir à combler ses abimes, règne une ceinture de galets provenant des silex de la craie, qu'elle ne cesse après les avoir ainsi façonnés, de triturer jusqu'à ce que, pour faire place à d'autres, ils soient réduits en sable. *Pulvis es... et in pulverem reverteris.*

Admirez cependant cette sage prévision de la nature, en vertu de laquelle la craie renferme des silex : sans cette heureuse circonstance qui fait plus que retarder l'action de la mer, qui l'enraye même sur la plage où les lits de pierre à feu, mis à nu, agissent comme un pavé bien cimenté, où des masses de ces mêmes pierres plus ou moins roulées, se substituent à des élémens sans consistance, il n'existerait plus de falaises crayeuses, plus de ports pour abriter les vaisseaux ; une grande partie de la Normandie aurait disparu ; car la craie, sans cette charpente siliceuse qui vient s'interposer à l'action de l'eau, se délaye avec la plus grande facilité et rien ne ressemble davantage à de la pâte pétrie avec les mains que la surface ramollie de cette roche dépourvue de ses ossemens de quartz. Félicitons donc les pêcheurs de la Manche, de ce que les galets s'accumulent au pied de leurs falaises et pénètrent même jusque dans les ports ; je le répète, bien que ce soit dans ce cas ci, un véritable fléau, il n'en est pas moins vrai qu'il faut y voir la sauve-garde de leur fortune. A quelque chose donc malheur est bon, et je ne sais si l'on fait bien de trier les galets de la côte pour en arracher les plus gros destinés à être employés dans les constructions de la ville ; il serait même à souhaiter que les bâtimens qui viennent chargés de bois de Norwège ou de toute autre marchandise, s'en retournassent sans être obligés de prendre des cailloux pour lest dans le voisinage des ports, car à la longue cela ne laissera pas que d'y faire un grand vide ; en un mot, l'autorité devrait veiller à ce que l'on enlevât le moins possible de galets, attendu que plus il y en aura, moins il s'en formera de nouveaux aux dépens des falaises et par conséquent des terres arables et pâturages de la contrée. Gardonsnous donc bien de toucher aux rivages de la mer qui en sont comme les oreillers, si nous ne voulons pas la voir sortir de son lit et envahir après en avoir sapé la base, les plaines fertiles de la Normandie qui par sa position élevée et pour ainsi dire suspendue au dessus des flots, est à l'égard des autres contrées de la France ce que les jardins de Sémiramis furent pour Babylone.

Si vous ne craignez pas de vous mouiller les pieds

dans les flaques d'eau qui restent après la marée et de déchirer vos chaussures, sur les aspérités des lits de silex que je viens de signaler et qu'augmente encore la présence de nombreuses patelles enchassées comme des diamants, là où la craie se montre à nu ; avancez quelques pas dans le lit de la mer : Sous une couche de cette même craie, plus consistante et moins blanche que les autres, dépourvue de silex et que je serais tenté de rapporter à la craie Tufau, vous verrez, avec d'autant plus d'étonnement, plusieurs sources abondantes d'eau douce en sortir, que les géologues repoussent presque une circulation semblable dans le système crayeux ; l'une d'elles est même jaillissante par moments. Ces fontaines artésiennes, dont la réunion serait capable de former une rivière, sourdent tellement près les unes des autres, qu'il est impossible de ne pas admettre qu'à une certaine profondeur dans la craie, elles ne suivent un canal unique. Quant à leur origine, à moins de supposer qu'elles sont alimentées par un réservoir éloigné, ou par quelque perte de la Seine, j'aimerais autant y voir les traces du ruisseau, qui, suivant de Lamartinière, traversait autrefois le port de Saint-Valery et a complétement disparu depuis près de deux siècles, car les eaux de ces sources ont une température assez basse, contrairement à ce qu'elles devraient être si elles venaient d'un autre point et eu égard à la hauteur des falaises. Malheureusement envahies toutes à la marée haute, elles ne peuvent être utilisées par la ville, et comme elles sont situées au pied de côtes difficiles à défendre, elles ont, disons-le en passant, servi d'aiguade à la flotte anglaise qui croisait dans ces parages pendant le blocus continental.

A des intervalles plus ou moins éloignés, un phénomène, du reste propre à toutes les côtes escarpées de la Manche, vient frapper d'épouvante les habitans de St.-Valéry : un craquement horrible, heureusement précurseur, se fait entendre dans les flancs de la falaise ! des masses épouvantables s'en détachent et couvrent de leurs débris, le rivage jusqu'à plus de deux cents pas de dis-

tance dans la mer ; elles anéantissent quelquefois toute
l'espérance d'un pêcheur trop heureux quand il échappe
à cette catastrophe subite ; à peine a-t-il eu tourné le dos,
qu'une colline est venue occuper la place où il avait
tendu ses filets. La mer ne tarde pas à niveler le rivage ;
mais au large, pendant long-temps encore, les traces gi-
gantesques de l'éboulement, les blocs de craie submergés,
en se tapissant d'une chevelure verdâtre de plantes marines résistent à l'action des flots.

Journellement un spectacle qui ne laisse pas aussi que
d'être très imposant, mais sans offrir le moindre danger,
se passe pendant une demi-heure environ, au milieu
même de la ville de St.-Valéry : lorsque la mer s'est re-
tirée, la levée de l'écluse de chasse qui sépare le nouveau
port de l'ancien, donne lieu à une véritable et très belle
cataracte ; les eaux s'échappent alors en bondissant par
les vannes ouvertes et blanches d'écume, balayent jusqu'au vif de la craie, la vase, et même les galets que la
mer ne cesse d'apporter.

Les cavernes naturelles qui contribuent tant à rendre
les côtes pittoresques et dans lesquelles la mer s'engouf-
fre inutilement pour se créer un passage, ne pouvaient
manquer à St.-Valéry ; à droite surtout du port et un
peu au dessus du niveau actuel de la mer, il en existe une
qui s'étend, dit-on, jusqu'à trois quarts de lieues sous la
falaise et au creusement de laquelle la main de l'homme
n'aurait pas été tout-à-fait étrangère ; située presque
vis-à-vis des sources dont j'ai parlé plus haut, je serais
assez porté à croire qu'elle a servi de redoute pour les
défendre contre les approches des Anglais et qu'elle a été
percée fort avant, dans l'espérance d'avoir une commu-
nication facile et sûre avec l'intérieur des terres. Aban-
donnée depuis, il est évident qu'elle a dû servir à la con-
trebande. (1)

(1) Sur le versant méridional d'Etennemare, se trouve l'ouverture
d'une caverne à peu près semblable ; mais creusée évidemment à dessein, elle s'en va à cinq quarts de lieue plus loin, aboutir à un vieux

Voulez-vous assister au coucher de l'astre du jour, lorsqu'il plonge dans l'Océan sa masse enflammée, laissant pour derniers témoins, des nuages empourprés des plus vives couleurs, venez au bout de la jetée et vos regards seront peut-être plus frappés que s'ils eussent contemplé l'explosion d'un feu d'artifice. Attendez encore quelques instans que la nuit ait étendu son voile obscur sur la surface naguère dorée de la grande plaine liquide et vous pourrez jouir du phénomène curieux de la phosphorescence ; chaque objet qui frappera ou refoulera l'onde amère, vous rappellera cette substance qui brille dans l'obscurité et s'attache opiniâtrement aux doigts sans occasionner de vives douleurs, ou mieux, la lumière encore moins perfide qui se manifeste quand on brise du sucre dans les mêmes circonstances.

La scène ne se passe pas toujours aussi radieusement pour le spectateur qui trouve un excellent abri contre la brise qu'il veut éviter dans les embrasures ingénieusement combinées à cet effet de la base du phare ; tranquillisez-vous, nous vous ferons grâce des tempêtes dont la vue ne saurait répondre aux descriptions pompeuses dont les romans vous ont farci la tête ; j'en suis fâché pour le style poétique, mais dans la nature comme dans la vie, tout n'est pas couleur de rose ; il faut dire les choses à leur juste valeur, quand on ne peut le faire autrement. Vous a-t-on jamais parlé de l'écume vomie par les flots qui viennent se briser sur les récifs ? Voyez, ne dirait-on pas à la voir accumulée sur la plage au pied de la jetée, une masse de gelée tremblante ou d'œufs à la neige que le vent enlève dans ses rafales en gros flocons transportés souvent à de grandes distances ; ce n'est cependant que de l'air emprisonné dans une eau grasse et verdâtre ; c'est la bile de l'Océan qui se manifeste ainsi lorsque les vents déchaînés ont excité sa colère.

Vous avez sans doute entendu dire que les maisons de

château, où elle servait sans doute autrefois à soustraire les habitans de la fureur des assiégeans.

Cherbourg, étaient, ni plus ni moins en marbre, et cela, parce qu'elles sont construites en schiste nodulaire, qui en offre les veines et les vives couleurs ; eh bien ! nous dirons sans crainte de tomber dans une plus grande exagération, que celles de St.-Valery sont en agathe ou en calcédoine, et même en cornaline, ce qui doit être bien plus recherché, car rien n'y ressemble davantage que les silex avec lesquels ces dernières sont élevées et qui proviennent de la craie, ainsi que je l'ai déjà dit.

Joignez enfin au double avantage d'être très maritime et très champêtre (ce qui en fait suivant moi, le plus joli endroit des côtes de la Manche, comprises entre les caps de la Hève et Grinez) celui qu'a S.-Valery de posséder un établissement de bains de mer nouvellement créé et qui offre, sinon beaucoup d'agréments de luxe, du moins la commodité et la sécurité désirables. Cette simplicité des bains, qui a jusqu'à présent, attiré peu de monde ici, est bien rachetée par l'absence d'étiquette et de toilette ficellée dont on est poursuivi avec bals et concerts indispensables dans les autres établissemens de ce genre ; elle vous fait oublier ces détestables assujettissemens des grandes villes, auxquels on est trop heureux d'échapper pendant trois ou quatre mois de l'année, et de nature à détruire tout le charme du séjour à la campagne. A la grande satisfaction de pouvoir mener ici une vie modeste, à la fois maritime et pastorale, d'y jouir d'une liberté de manœuvre complète, comptons pour beaucoup la douceur, la franchise et les prévenances affectueuses des habitans qui nous reportent aux temps primitifs ou à l'âge d'or. Ajoutons que la vie n'est pas trop chère à Saint-Valery où les légumes remplissent les jardins, où les fruits sont assez variés, et que parmi les autres ressources alimentaires qu'offre l'excellent pays de Caux, au nombre desquelles il est superflu de citer le meilleur poisson et la viande la plus délicate du monde, le lait pour celui qui l'aime passionnément, est de la crème à côté du lait de Paris qui n'a pas même été baptisé ; c'est dire aussi combien le beurre est estimé

J'aurais dû commencer en parlant de Saint-Valery-en-Caux, par son histoire et son archéologie, pleines d'intérêt ; rappeler son origine due à des moines, notamment à Wallerick d'où la contrée jadis couverte d'épaisses forêts, tire son nom ; citer les actes de piraterie des hommes du Nord qui ont déterminé les premiers habitans à s'établir et à construire l'église paroissiale loin de la côte ; les attaques des Anglais, dont la ville porte encore les traces homicides, pas plus tard que 1804 ; les hauts faits de Bernard-de-St-Valery, de Le Carnier, et de Pierre 1er de Bréauté, auxquels a succédé dans ces derniers temps, le général Delâtre ; le séjour de Henri IV chez l'armateur Guillaume Ladiré dans une maison très remarquable par ses sculptures en bois, laquelle est encore bien conservée malgré trois siècles qui pèsent sur elle ; les traces de fortifications qui remontent sinon aux Romains, au moins au temps de Charlemagne ; les ruines d'une léproserie dans le délicieux et si pittoresque hameau d'Étennemare et qui attestent que cette affreuse maladie soignée encore sur les côtes de Normandie vers la fin du XIIe siècle, ne se rencontre plus qu'en Islande et dans certaines parties de la Norwège ; l'ancien couvent des Pénitents converti en caserne ; les souvenirs d'oppression, de gloire et d'incendie, qu'ont laissés tour-à-tour Guillaume Le Roux, roi d'Angleterre, Richard Cœur-de-Lion et Charles-le-Téméraire, duc de Bourgogne ; la sollicitude de Louis XIV qui fit rétablir le port et construire le quai actuel ; la double visite de Napoléon et de l'Impératrice ; celles des duchesses d'Angoulême et de Berry ; puis la dernière de Sa Majesté Louis-Philippe, etc., etc. ; mais tous ces événemens étant parfaitement décrits dans la savante Notice historique de M. Guilmeth sur la ville de Saint-Valery-en-Caux, il ne m'appartenait pas, à moi simple naturaliste, de revenir sur un sujet aussi élevé ; j'ai tâché seulement autant par goût que par distraction pendant mon séjour ici, de faire ressortir ce que la même localité m'a paru offrir de plus intéressant sous les rapports pittoresque, naturel et même géologique.

APPENDICE

A LA

NOTICE PITTORESQUE ET PHYSIQUE

SUR

SAINT-VALERY-EN-CAUX.

APERÇU GÉOLOGIQUE DE LA MÊME CONTRÉE.

Envisagées sous le rapport de la science dont le but est de faire connaître la nature, la structure, la disposition et les fossiles des couches qui constituent l'écorce du globe, la plupart des localités, au premier coup-d'œil, paraissent offrir peu de choses intéressantes ; on est disposé en général à n'y rien voir de nouveau ; à Saint-Valéry-en-Caux par exemple, le géologue qui se contenterait de regarder à droite et à gauche du port, ne manquerait pas de s'écrier : De la craie, rien que de la craie ! Qui n'a pas vu ce terrain ? qui ne le connaît pas ? quelle blancheur, quelle uniformité désespérante ! et puis au-dessus de ces falaises inabordables, qu'y a-t-il ? des cailloux roulés dans une terre rougeâtre ; toujours le terrain de transport ! En voilà assez, allons ailleurs.

Arrêtez-vous cependant, géologue dédaigneux et prenez la peine d'examiner avec moi la coupe naturelle de ces vastes dépôts qui n'ont d'autres défauts à vos yeux, que de ressembler à ce que vous avez vu tant de fois ; non seulement vous aurez à glaner, mais vous pourrez

3.

encore faire des observations à la fois intéressantes et utiles.

Rappelons d'abord aux personnes peu familières avec la science aride qui nous occupe, que la craie se divise en trois étages ; ce sont en allant de haut en bas : La craie blanche, vulgairement connue sous le nom de blanc de Meudon ou d'Espagne, la craie Tufau et la craie verte ou chloritée.

Or, il ne suffit pas de dire que les falaises de St-Valery, sont de la craie purement et simplement, mais bien de faire connaître quel est l'étage qui se présente ou prédomine dans cette localité ; c'est ce que je vais essayer de faire.

Bien que les fossiles caractéristiques de la craie Tufau, m'aient pour ainsi dire échappé jusqu'à présent, car je n'ai encore pu observer qu'une empreinte de grande ammonite dans les éboulis de la falaise, je ne suis pas moins porté à croire que les côtes de St-Valery appartiennent à cet étage. En attendant que le hazard me fasse rencontrer d'autres fossiles, congénères du premier, tels que baculites, turrilites, hamites, scaphites etc., j'invoquerai à l'appui de mon opinion, l'absence de ces grosses belemnites qui caractérisent la craie blanche supérieure, la consistance plus grande et la couleur blanc-jaunâtre de la craie des mêmes côtes ; j'invoquerai surtout la solution de continuité de la partie du rivage connue sous le nom de *Banc-cassé*, rupture qui n'a pu avoir lieu que par suite d'affouillemens de la mer dans une roche plus tendre, facilement désagréable tel que l'est la craie verte ou chloritée. D'après la surface raboteuse quoique plane et continue de ce banc, légèrement incliné vers la mer et sa teinte grisâtre due à la présence de balanes qui la tapissent à la lettre, on pourrait se figurer une coulée de lave basanitique sortie du pied de la falaise.

Ceci établi, il est facile maintenant de se rendre compte de l'existence des magnifiques sources que l'on voit s'échapper par des crevasses de la craie, à marée basse près de St-Valery et de celles qui réunies en un limpide ruisseau, font marcher plusieurs moulins à Veules. Toutes ces sources sont très rapprochées les unes des autres et paraissent ainsi que je l'ai déjà dit, suivre le même canal dans l'intérieur de la masse crétacée ; celles de St-Valery se reconnaissent aisément à l'abondance de certaines plantes marines qui recherchent sans doute les eaux alternativement douces et salées et dont la belle verdure forme comme des oasis au milieu des sombres *fucus*, notamment du *f. vesiculosus* ; il me paraît évident qu'elles circulent entre la craie Tufau et la craie verte et qu'elles se trouvent à peu près dans les mêmes conditions que le puits de Grenelle à Paris.

Je ne sais si je me trompe, mais d'après mes présomptions, il me semble qu'à une petite profondeur dans St-Valery même, dépourvu de sources et de rivière, on obtiendrait une belle fontaine jaillissante. A Paris, on a creusé il est vrai, jusqu'à 1,500 pieds de profondeur pour atteindre la craie verte ; mais ici, indépendamment de ce que les différens étages de la craie, n'ont pas partout la même épaisseur qui a été excessive pour la capitale, il n'y a pas de terrein tertiaire, la craie blanche manque et la craie Tufau est très entamée ; il est donc à supposer que l'on est voisin de la craie verte ou de la couche aquifère, à moins cependant que ces sources, ne viennent tout-à-fait de la partie inférieure de la craie chloritée, ce qui n'est pas probable, attendu qu'elle ne déposent pas comme celle de Grenelle du limon ou du sable verdâtre ; toutes celles que j'ai visitées m'ont paru même ne charrier aucune espèce de détritus et sont d'une admirable pureté. Si ce n'était même la répugnance que l'on éprouve à voir des sources au milieu de la craie Tufau, je serais pour mon compte, assez disposé à admettre qu'elles y passent et que par conséquent, il y a encore plus de chance de les rencontrer à une petite profondeur.

Un jour, je n'en doute point, soumettons ces réflexions en passant, l'industrie humaine en perçant des puits artésiens çà et là, mettra à profit une foule de ces sources abondantes que la marée montante dissimule seulement à nos regards et même de celles qui tout-à-fait à notre insçu, sourdent bien avant dans la mer. Qui pourrait apprécier le volume d'eau douce ainsi perdu sur les côtes de la Manche? Si par la pensée on pouvait réunir tous ces petits cours d'eau occultes, il y aurait peut-être une belle rivière de plus à tracer sur la carte de Normandie.

Je ne reviendrai pas sur le rôle que jouent les silex sous forme de lit dans la craie et à l'état de galets sur le bord de la mer, je renvoie pour ces considérations à ma note pittoresque et physique sur Saint-Valery, mais il me reste à appeler l'attention sur des sillons qu'offre la craie à marée basse : ici comme pour le *fucies* des falaises crayeuses, à la première vue, les partisans d'un grand cataclysme, ne manqueraient pas d'y voir des traces analogues, identiques à celles qui se rencontrent si fréquemment sur les côtes primordiales de la Scandinavie ; mais en les examinant avec soin, on ne tarde pas à reconnaître que ces sillons sont fendillés dans toute leur longueur ou aboutissent à autant de crevasses ; et bien que dirigées souvent du nord-ouest au sud-est, précisément dans le sens de la prétendue direction du cataclysme, ils ont été évidemment creusés par la mer.

Nous avons aussi fait remarquer dans la même notice, que les produits de la terre étaient magnifiques aux environs de Saint-Valery et notamment dans son vallon ; maintenant il est à propos de dire, que cette grande fertilité est due à un puissant dépôt de terre argilo-sablonneuse vulgairement appelée terre-franche, qui a fort heureusement recouvert et nivelé une mase considérable de cailloux à peine roulés, encroûtés de manganèse hydroxidé, lesquels remplissent les anfractuosité de la craie. Cette terre grasse est très recherchée pour faire des briques et renferme souvent des rognons de grès convertis en pavés que l'on exporte jusqu'à la Rochelle.

L'histoire de cette formation supérieure, connue sous les noms de terreins de transport, d'alluvion, de lem, de

diluvium, etc., est certainement la plus difficile à dé-
brouiller, et si je voulais me livrer à des disgressions à
son sujet, je n'en sortirais pas ; c'est le chaos des géologues, le champ des plus grandes controverses : je me contenterai seulement de faire remarquer que ce terrein présente dans les falaises de Saint-Valery, dont il constitue
la partie supérieure, une espèce de stratification qui n'est
pas en harmonie avec la cause violente que l'on suppose
avoir agi lorsqu'il s'est déposé ; tous les matériaux au
lieu d'être confondus, pêle-mêle, sont au contraire disposés comme dans tous les dépôts qui se font avec une
certaine lenteur ou suivant la plus ou moins grande affi-
nité de leurs élémens variés ; le plus généralement, on
voit d'abord des cailloux fortement agglutinés avec de l'ar-
gile sablonneuse feuilletée, puis du sable plus ou moins
argileux dans lequel baignent des rognons de grès qui
empâtent quelquefois assez de cailloux pour devenir un
véritable poudingue, enfin de la terre végétale. Voilà cependant le terrein que la plupart des géologues regardent
jusqu'à présent comme étant la preuve manifeste d'une
grande révolution qui aurait changé la surface de notre
planète et que pour des raisons qu'il me serait trop long
de développer dans ce simple aperçu, je regarde au contraire, comme un ancien fond de la mer, avant que des
escarpemens se manifestâssent dans la craie et donnâssent
lieu aux falaises actuelles.

OBSERVATION

Archéologique

SUR

LES RUINES D'ARQUES.

Les archéologues qui ont visité les ruines d'Arques. n'ont pas manqué d'examiner les matériaux avec lesquels ce château célèbre a été construit ; ils auront sans doute reconnu que ses épaisses murailles avaient été en grande partie élevées avec des silex préalablement débarrassés au moyen du lavage, de la craie ou de la terre végétale qui les enveloppait et cimentés avec de la chaux provenant de cette même craie dans laquelle on a fait entrer du sable grossier tiré évidemment des bords de la mer ; mais il se pourrait bien que les observateurs eussent oublié de porter leurs investigations sur le fait suivant, qui, je crois, mérite d'être signalé ne serait-ce que dans l'intérêt de l'histoire stratégique.

Toutes les portions de murailles qui n'ont pas encore leurs parois dégradées ou qui ont échappé au marteau du vandalisme, sont revêtues d'un travertin d'eau douce qui a été taillé seulement sur cinq faces de manière à pouvoir les agencer facilement. Cette pierre déposée par des eaux incrustantes (on y trouve des empreintes de feuilles). ne pouvait mieux convenir dans l'emploi qui en a été fait, car étant de sa nature très celluleuse, il en est résulté qu'elle s'est soudée admirablement avec le massif des murailles. On a donc jadis appliqué au château d'Arques ce qui est aujourd'hui même en usage dans les fortifications de Paris que l'on revêt de meulière, pierre siliceuse, également très celluleuse et qui a pour but en prenant bien le ciment de prévenir les remparts des intempéries de l'atmosphère et surtout de l'action dégradante des pluies.

COMPARAISON

DES EAUX DE LA MANCHE EN COURROUX, AVEC
CELLES D'UN LAC
OU D'UN VASTE ÉTANG, COUVERT DE NYMPHÆA-ALBA
EN FLEURS.

Que de descriptions n'a-t-on pas faites de la mer en courroux ! ce sont : Tantôt des chaînes de montagnes liquides dont la crête poudreuse chassée par le vent remplit d'incrustation saline, les habits et la figure de l'intrépide nautonnier, tantôt des pics qui se dressent les uns contre les autres et semblent se disputer la proie du navire qui brave la tempête ; d'autres fois, à considérer le sommet écumeux des lames qui courent les unes après les autres pour venir expirer à vos pieds en exhalant un long et profond soupir, on dirait de timides brebis à la blanche toison, échappées de leur parc, poursuivies par quelque bête cruelle et franchissant collines et vallons pour se soustraire a sa rage.

Mais du haut des falaises escarpées de la Manche et au loin, la mer courroucée peut produire un tout autre effet ; les montagnes d'eau s'aplanissent et les mérinos ne paraissent plus bondir ; à quoi donc pourrait-on comparer la mer dans cette circonstance ?

Si nous faisons abstraction de l'étendue de l'Océan et si par la pensée nous augmentons singulièrement les proportions d'une certaine plante qui fait l'ornement de nos étangs, nous nous permettrons de dire que la Manche un jour de grande houle, ressemble à un immense lac couvert de Nénuphar aux corolles d'albâtre plus ou moins épanouies. Chaque sommet de lame n'est-il pas de nature à nous rappeler une de ces belles fleurs nommées à cause de leur forme, volans d'eau, aussi doucement balancées par la vague, que l'objet dont ils empruntent le nom l'est dans les airs par les mains des jeunes filles. Quant aux grandes feuilles ovales dont une des faces lustrées regarde constamment le ciel et qui accompagnent cette magnifique plante aquatique, nous nous plaisons aussi à en voir l'image dans les taches sombres et allongées que les nuages floconneux impriment en passant sur la surface verdâtre et transparente de la mer.

NOUVELLE NOTICE

PITTORESQUE ET PHYSIQUE

SUR

SAINT-VALERY-EN-CAUX,

ET SES ENVIRONS.

Depuis un mois à peu près que j'ai essayé de décrire ce que Saint-Valery-en-Caux et son vallon m'ont paru offrir de plus remarquable, la ville et les champs ont bien changé d'aspect ; à l'égard de la première, nous avons vu les falaises se couvrir d'immenses filets passés dans une forte décoction de tan qui les rend presque noirs ; on les avait exposés là pour sécher et être examinés avant de resservir ; les uns sont remmaillés, d'autres en trop mauvais état, sont mis au rebut, empaquetés et vendus avantageusement pour faire du papier brouillard qui servira bientôt à des papillotes ou à envelopper de la quincaillerie ; singulière destinée des choses de ce monde, sans parler de nos chemises les plus fines, qui par une métamorphose semblable, serviront un jour à faire des billets doux ! Après cette opération, tous les filets en bon état ayant été mis à bord de bateaux pêcheurs, nous vîmes une flotille de ce genre, appareiller et se diriger vers les côtes d'Angleterre pour y attendre au passage les bandes de harengs et de maquereaux qui descendent du nord frayer sur nos côtes. Un si grand nombre d'enfans de St-Valery ne pouvait pas quitter ce jour-là leurs *bers* sans occasionner une vive sensation. Aussi les navires en sortant successivement de la passe étroite du port eurent-ils une nombreuse escorte jusqu'au bout de la jetée où les exclamations et les gestes des femmes qui voyaient partir soit un mari, soit un enfant, soit un amoureux, tâchaient de cette manière de suppléer des témoignages plus expressifs de leur tendresse ; quelques-unes très recueillies s'étaient agenouillées au pied du calvaire situé entre le Phare et la Morgue ; d'un autre côté, chaque équipage en passant devant la même effigie religieuse, ne manqua pas de se découvrir et de faire une courte prière. A peine hélas ! deux heures s'étaient-elles écoulées que toutes ces voiles poussées par une jolie brise avaient disparu à l'horison et laissé le plus grand vide dans le port naguère si agité. Cette absence des principaux bras de St-Valery, laquelle avait rendu les quais déserts, s'est depuis trouvée pour ainsi dire effacée par l'affluence ou l'irruption d'étrangers qui pour profiter des derniers beaux jours si rares cette année, occupent du matin au soir le modeste et commode établissement des bains.

Dans ce court espace de temps, nous avons vu aussi la verdure des champs émaillée de fleurs, faire place au riche manteau de Cérès ; on a arraché le lin dont les tiges étalées et réunies en longues bandes sur le sol, ressemblent de loin quand elles sont encore fraiches et par leurs diverses nuances rougeâtre, blanche et verte, passant de l'une à l'autre, à des rubans de soie gorge de pigeon ; on a également battu sur place dans des aires recouvertes de toiles, le colza, l'une des plus principales richesses du pays. Encore quelques semaines et après que toutes les moissons seront faites, les pentes les plus rapides des collines qui nous ont paru arides jusqu'à présent, se couvriront à leur tour d'un drap d'or que va tisser l'ajonc maritime.

Le temps nous ayant permis aussi de visiter les environs de St-Valery-en-Caux, nous allons successivement passer en revue les principales localités.

Citons d'abord à cinq quarts de lieue environ de St-Valery et à l'est, Veules, intéressante sous tant de rapports, autrefois ville opulente, aujourd'hui réduite à l'état de commune, depuis que l'inondation de la mer et l'incendie, en ont l'un après l'autre, éloigné la plus grande partie des habitans, qui sont venus chercher meilleure fortune à Dieppe et à St-Valery.

Je n'entreprendrai pas de faire l'histoire de ces calamités et de décrire les monumens qui y ont résisté, pour les raisons que j'ai données dans ma première notice sur St-Valery ; je renvoie au manuscrit de M. Lebay, ancien curé de Veules, à la Notice Historique de M. Guilmeth et surtout au magnifique ouvrage orné de planches, de M. le baron Taylor, à qui la jeune France est redevable de lui avoir fait connaître ses vieilles richesses monumentales enfoncées sous des décombres ou perdues au milieu des constructions modernes ; nous engageons seulement les amateurs d'archéologie à visiter la vieille église de Veules où se trouvent réunies bout à bout trois sortes d'architecture, le bizantin, le roman et le gothique, où se voient toutes sortes de figures d'animaux de l'apocalypse, sculptées à même le grés et malheureusement, ainsi que les colonnes et les cintres, recouverts d'une couche épaisse de peinture qui imite le marbre. Nous ne dirons aussi qu'un mot de l'ancien cimetière St-Nicolas, où l'on remarque les ruines d'une chapelle dédiée à ce saint, dont la statue mutilée gît au milieu des débris ; on y voit aussi les fragmens d'une autre statue de Saint, dont les différentes pièces ont été réunies, le croirait-on, par des femurs et des tibias humains, en guise de tiges de fer altérable à l'air et à l'humidité, ce qui permet de pénétrer facilement la pensée qui a dirigé la préférence de l'ouvrier. Près de là s'élève une croix en grés admirablement sculptée, représentant d'un côté la Vierge et St-Nicolas baptisant des enfans, de l'autre le Christ et St-Pierre.

Si Veules la déchue offre peu d'intérêt comme ville, nous ne saurions trop la recommander sous le rapport pittoresque. Rien au monde n'est plus séduisant qu'une promenade à partir de la route de Dieppe et tout le long de la petite rivière qui porte le même nom que la ville et prend sa source au milieu de l'une de ses dernières masures (1) : Après avoir traversé sur une chaussée étroite deux vastes cressonnières évidemment faites à dessein et vivifiées par des eaux pures, on passe successivement devant quatorze moulins dont les aubes moussues semblent se marier avec les branches des arbres, formant de délicieux ombrages au-dessus du cours d'eau paisible qui les fait marcher ; enfin après avoir suivi cette petite rivière dont la limpidité permet de voir le beau sable blanc sur lequel elle glisse, et que tapissent par places des touffes éméraudes de callitriche, on arrive au bord de la mer où avant de s'y décharger, elle fait encore tourner un moulin qui mérite une mention toute particulière.

Assurément on a décrit et dessiné bien des moulins ; c'est une des pièces de résistance des faiseurs de romances et des peintres ; mais je suis à me demander s'il en existe beaucoup qui offrent plus de prise à l'imagination que celui-ci : N'étant ni artiste et encore moins poète, je me contenterai de dire tout simplement que c'est un moulin très ancien, situé de telle manière que dans les gros temps, la mer vient non seulement battre ses murailles solides, ronger la pierre, l'érailler par des galets qu'elle chasse comme des projectiles, mais encore s'élance quelquefois par-dessus le bâtiment et l'entoure de vagues mugissantes. Concevez alors la position du meunier qui dans cette circonstance, voit ses aubes découvertes, tourner tantôt d'une façon, tantôt d'une autre, suivant que la rivière n'est pas arrêtée dans son cours naturel, ou que la mer la force à rebroûsser chemin ; au milieu de ce va-et-vient des eaux alternativement douces et amères, du tic-tac et du grincement des meules mêlés au grondement de la mer, le meunier est encore exposé à voir les tuiles et les chevrons de son bâtiment devenir le jouet des eaux, et celle-ci se précipiter sur la farine ; oh !

(1) On appelle ainsi dans le pays de Caux, une maison en bon état, située au milieu d'un jardin ou d'un clos, planté d'arbres. On voit que la signification de ce mot est bien différente de celle que nous y attachons généralement ; car à Paris on désigne sous le nom de masure, une maison en très mauvais état.

alors, il faut battre en retraite et laisser la mer faire le mitron, saler et pétrir de la pâte, qui n'aura plus besoin que de lever et d'aller au four pour être convertie en pain.

L'intrépide meunier qui moud ainsi en bravant la tempête, rend un immense service à Veules, menacée à tout moment d'une irruption de la mer ; sans son moulin, sans les estacades bien combinées qu'il oppose à la mer, celle-ci aurait déjà promené ses ravages bien avant dans le pays, car il est notoire que la mer autrefois très éloignée de la ville, s'en approche tous les jours ; ce que témoigne d'ailleurs l'échancrure profonde des falaises à droite et à gauche du moulin qui est là comme un témoin au milieu de la grève, ce qu'attestent des fondations de maisons à moitié enlevées par elle et même un travertin d'eau douce déposé sans doute par la rivière de Veules et mis aujourd'hui à nu par la mer (1).

A une demi-heure de chemin environ de Veules et en rabattant sur St-Valery, se trouve le village de Blosseville, berceau de la famille du même nom, d'où est sorti l'intrépide marin (Jules de Blosseville), à la recherche duquel, en compagnie de M. Gaïmard, si connu par ses nombreux et intéressants voyages, j'ai eu l'honneur d'aller durant deux années consécutives sur les côtes d'Islande et du Groënland ; moins par curiosité que par une espèce de pélerinage pour des motifs qui ne peuvent intéresser mes lecteurs, j'ai visité avec le plus grand soin, je dirai même avec recueillement, l'église de Blosseville ; elle ne se fait guère remarquer intérieurement que par des vitraux parfaitement conservés, aux armes d'Angleterre, et extérieurement que par la croix en fer qui surmonte le clocher, et dont les branches supportent des cœurs percés de traits. Dans le cimetière on voit aussi une croix en grés qui a beaucoup d'analogie avec celle de Veules et dont le fût comme celui de presque toutes les croix du pays, ainsi que les pilastres des portes ancien-

____

(1) C'est évidemment d'un dépôt semblable situé près de la mer, peut-être bien celui de Veules, qu'a été extrait le travertin dont j'ai parlé à l'occasion des ruines d'Arques.

nes, représentent des torsades tordues sur elles-mêmes. L'ancien château de Blosseville est encore plus simple que l'église; il ne paraît pas même avoir été achevé et n'attire guère l'attention que par sa pépinière-modèle.

À l'opposite de Veules, et au sud-ouest de St-Valéry, il existe aussi un vieux château, celui d'Englesqueville-les-Murs, qui se distingue surtout par ses arbres de haute futaie; longtemps en la possession de la famille Campullé, qui ne souffrit jamais qu'on élaguât les arbres séculaires du parc, il en résulta que leurs branches se rapprochèrent tellement que plusieurs d'entre elles quoiqu'appartenant à des pieds différens, se soudèrent; la tempête a beau se ruer sur cette estacade naturelle : les chênes, les hêtres, les tilleuls, les ormes se prêtent main forte; l'un d'eux vient-il à être déraciné, il est retenu par les autres et continue de végéter ; ajoutez à cela des ifs qui ont saisi le tronc de tilleuls au pied desquels on les avait plantés comme dans des étaux, de manière à présenter les figures les plus étranges d'où semble à la nuit tombante, sortir le cri lugubre des chouettes et vous aurez une idée de l'aspect sauvage et vierge qu'affecte le parc d'Anglesqueville-les-Murs.

Enfin après avoir suivi la plus longue cavée du vallon de St-Valéry et passé au pied d'un coteau couvert d'Erica dont les fleurs purpurines contrastent très agréablement avec la blancheur de la craie dénudée par places, on arrive à Néville d'où relevait autrefois St-Valery. A une époque déjà éloignée de nous, tandis que l'une s'affranchissait et prenait un grand développement , l'autre voyait disparaître son château ; il ne reste plus aujourd'hui à Néville que le mur d'enceinte du parc, et les bâtimens en briques rouges de la ferme, peuvent donner une idée de l'importance de ce qu'on a rasé. L'église qui a résisté à cette destruction, comme celle de Blosseville, ne se fait guère remarquer que par son buffet d'orgues portant des écussons aux armes d'Angleterre, sculptés à même le bois ainsi que les pampres qui embrassent les piliers de ce meuble antique.

BRUITS DE LA MER,

COMPARÉS A CEUX D'UNE PETITE GUERRE,

D'une forêt tourmentée par l'orage, etc.

Les bruits qui résultent de l'agitation de la mer, sont aussi variés que les divers aspects sous lesquels se présente sa surface ; la difficulté consiste seulement à rendre toutes ces nuances, soit qu'on veuille les décrire, soit qu'on cherche à les reproduire par le pinceau ; craignant d'échouer dans ce genre, je préfère recourir à des moyens plus vulgaires et à la portée de tout le monde. Se borner à comparer les bruits que fait la mer, suivant qu'elle est plus ou moins calme ou agitée, à quelque chose de généralement connu, pourra paraitre puéril et tant soit peu prosaïque ; mais je ferai remarquer que dans l'état actuel des sciences, où l'on est parvenu à analyser la voix humaine en la comparant à certains instrumens de musique, où l'on s'est appliqué à noter le chant du Rossignol, à étudier le cri de la Cigale, etc. il serait surprenant que l'on ne cherchât pas à se rendre compte des divers bruits de la mer ; aussi bien que d'autres phénomènes, ils sont du domaine de l'histoire naturelle et surtout de la physique du globe.

Or donc, lorsque la mer en apparence calme, vient à marée haute, briser encore avec assez de force sur une plage de galets comme le sont généralement celles de la Manche, elle fait entendre un bruit particulier, bien distinct de celui de la mer en fureur, ce dernier ressemblant ainsi que tout le monde le sait, au canon ou à un tonnerre lointain ; après l'avoir bien étudié surtout dans l'écho des falaises, qui répercutent le moindre son, il m'a semblé que pour s'en faire une juste idée on ne saurait mieux le comparer qu'à des décharges successives, irrégulières et très rapprochées de feux de pelotons dans une petite guerre assez éloignée de l'observateur ; Je pousserai même le rapprochement plus loin et dans le bruit secondaire, incessant, que détermine le déplacement des galets à qui la lame fait faire exactement la navette, on pourrait se figurer jusqu'à un certain point le roulement du tambour pour cesser le feu. La mer est-elle au contraire un peu plus agitée, houleuse, le bruit qu'elle fait en se ruant sans interruption sur le rivage, prend un autre caractère, devient confus et nous transporte sur la lisière d'une vaste forêt battue par l'ouragan.

Je ne me flatte pas de réussir dans mes comparaisons ; peu de personnes les goûteront sans doute ; mais je le répète et le dis avec conviction, il n'y a que ce moyen de faire connaître une foule de choses que les descriptions et les peintures les plus délicates sont impuissantes à rendre. Ainsi par exemple si je ne craignais pas d'abuser de la complaisance de mes lecteurs, je les ramènerais sur le même terrain et leur ferais cet autre rapprochement. A l'heure du crépuscule, par une belle soirée d'été lorsque la surface calme de la mer semble se confondre avec le ciel et que les rochers qui garnissent le rivage, montrent à marée basse, leurs têtes couvertes de goëmon brunâtre, l'observateur pourrait oublier un instant qu'il est au bord de l'océan et se croire plutôt sur le versant d'une chaîne de montagnes. En effet, à considérer derrière et au-dessus de soi la falaise embrumée, on se figurerait volontiers le sommet d'une haute montagne, illusion que la blancheur de la craie pourrait encore augmenter en nous la faisant voir couverte de frimats ; devant soi et à ses pieds, commencerait la sombre végétation alpine représentée par les fucus qui tapissent les rochers et enfin au-delà, aussi loin que la vue pût s'élever et s'abaisser, l'espace ou un vide immense.

EFFET

DE FANTASMAGORIE,

PRODUIT PAR LA MER.

Nous avons déjà cherché à comparer la surface de la mer agitée à un lac couvert de *Nymphæa-alba* et quelques-uns de ses bruits aux détonations de la grosse artillerie et de la mousqueterie ; au lieu de nous trouver sur ses bords, nous avons aussi pensé un instant être transportés sur le versant d'une haute montagne ; aujourd'hui, nous en demandons encore pardon à nos lecteurs, mais nous ne pouvons résister au désir de faire connaître un autre phénomène qui nous a paru assez piquant et capable de mettre en défaut notre système de comparaison, tant il est vrai qu'on ne peut facilement donner une idée juste des grandes scènes déployées à chaque instant par la nature sous nos yeux.

Il n'y a personne qui n'ait été à la nuit tombante, frappé de la blancheur éclatante qui accompagne la lame lorsqu'elle déferle sur le rivage ; on dirait une nappe d'argent que la mer étale sur le sable ou sur les galets devenus noirâtres par l'effet de la nuit et surtout de l'humidité due au sel qui les couvrait d'une pellicule blanchâtre durant le jour et par un temps sec. Jusqu'ici ce ne sont que des phénomènes d'optique et d'hygrométrie ; rien de plus simple ; mais on peut jouir d'un spectacle très curieux, d'une véritable fantasmagorie en se plaçant à une distance convenable du rivage et de manière à ne voir que le dos des lames lorsqu'elles s'avancent vers la côte.

Si l'on a comparé à un jeu de marionnettes, les formes bizarres et changeantes de la lumière dans les aurores boréales, assurément on en pourra dire autant du phénomène lumineux qui se passe sur le bord de la mer :

Lorsque le voile de la nuit s'est étendu à la surface des flots de manière à la confondre presqu'entièrement avec le ciel et que le rivage lui-même est plongé dans une grande obscurité, on s'imaginerait alors voir courir des fantômes ou des monstres fantastiques sur la grève ; les uns noirâtres, bondissent, serpentent au large ; les autres brillans et plus rapprochés, parcourent le rivage en longs *replis tortueux* qui s'élargissent, se retrécissent tour-à-tour et font entendre un bruit tantôt sourd et caverneux, tantôt aigu et déchirant comme celui que détermine l'eau projetée sur un fer incandescent. Un esprit non prévenu et nouvellement arrivé dans le pays, sera d'autant plus disposé à se créer des êtres imaginaires en cherchant à définir ce phénomène, que s'il tourne la tête vers la terre faiblement éclairé par la lune et où règne alors le plus grand calme, il aura de la peine à se défendre de ne pas voir une foule de vieilles femmes danser le sabat sur la falaise, dans les espèces de grosses poupées (villotes) que l'on fait avec le seigle ou le blé immédiatement après les avoir coupés.

Encore un mot sur la mer relativement à la dernière tempête dont nous venons d'être témoins :

Quand on la regarde de près l'horizon est très borné ; mais si on la contemple du haut des falaises, elle paraît au contraire plus étendue que jamais ; cette grande différence tient évidemment à ce que dans le premier cas, les lames soulevées masquent son étendue et que dans l'autre cas, les corps blancs et brillans pouvant se voir à une très grande distance telle que l'écume qui couronne chaque lame, il en résulte que tous ces points lumineux reculent les bornes de l'horizon.

Nous avons aussi vu dans cette circonstance des bandes considérables de macreuses raser la surface irritée des flots, sans dévier de route quoiqu'en faisant tête à l'orage et dont la singulière disposition jointe à la teinte noirâtre du plumage de ces oiseaux ressemblait de loin à des chapelets de jayet jetés sur la mer pour apaiser son courroux.

EXCURSION

ARCHÉOLOGIQUE,

A

LILLEBONNE.

Il n'est que faire de se déplacer beaucoup pour prendre une haute idée des Romains sous le rapport monumental et architectural; il n'est pas besoin pour cela d'aller en Italie, pas même à Nîmes ou à Arles; le Cirque de Lillebonne découvert depuis une trentaine d'années environ et aujourd'hui presque entièrement déblayé, peut satisfaire amplement la curiosité des archéologues. Tout le monde a entendu parler de cette remarquable découverte et cependant un très petit nombre de personnes, parmi lesquelles il faut compter beaucoup d'Anglais, se sont données jusqu'à présent la peine d'aller visiter ces nobles antiquités. Bien que leur gisement, ne soit qu'à une quarantaine de lieues de la capitale, grâce au chemin de fer qui bientôt se rendra de Rouen au Havre, et après quelques heures de voyage, on oubliera le Panthéon, la Madeleine, la Bourse, etc., dans l'enceinte de l'un des monumens les plus intéressans qui existent pour ainsi dire ignorés sur le sol Français.

Nous n'avons pas ici l'intention de faire une description; cela ne nous appartient pas; nous ne voulons pas non plus, faire ressortir la merveilleuse et pittoresque situation de Lillebonne dont les montagnes environnantes disposées en amphithéâtre ont dû naturellement inviter les Romains à établir là un Cirque plutôt qu'ailleurs; nous désirons principalement dans cette petite notice, appeler l'attention sur un fait qui ne nous parait guère avoir fixé l'attention jusqu'à ce jour et que nous avons déjà signalé relativement aux ruines d'Arques, nous voulons parler de ce qui revêt le blocage des murailles.

Comme au célèbre château détruit par Henri IV, nous avons trouvé les murs du cirque construits à peu près de la même manière : c'est un blocage de cailloux ou de silex de la craie, cimentés et revêtus d'un travertin (vulgairement tuf) d'eau douce, taillé exactement de la même manière que le moderne, avec des lits de briques qui coupent horizontalement et par intervalle toute la hauteur des murailles ; ces briques diffèrent cependant de celles employées dans le château d'Arques, par leur grand développement qui les ferait plutôt prendre pour d'immenses tuiles que pour toute autre chose.

D'après l'examen scrupuleux de ce genre de construction qu'on retrouve d'ailleurs dans les thermes de Julien à Paris, il est à croire que les murailles d'une foule d'anciennes forteresses, telles que celle d'Arques dont nous avons déjà parlé, ont été faites d'après le même système. Chose non moins remarquable, c'est qu'à la nature près des matériaux, la plupart des maisons modernes et de celles qui s'élèvent encore en Normandie, portent le même cachet : le travertin y a été seulement remplacé par des silex taillés de la même manière et leurs rangs ou assises disposés comme dans un damier, sont séparés de distance en distance par des lits de briques rougeâtres qui au lieu de trancher comme autrefois sur du blanc, tranchent aujourd'hui sur du noir. Il me paraît donc évident que nous imitons encore les Romains dans quelques-uns de nos modes de construction aussi bien que dans une foule de choses usuelles, nouvelle preuve de la perfection en tous genres à laquelle était parvenu le peuple-roi. Revenons maintenant au Cirque gigantesque de Lillebonne.

Bien qu'on ait cherché à le déblayer entièrement, il s'en faut de beaucoup, nous pensons, que l'on y soit parvenu ; nous trouvons par exemple qu'il y aurait encore à creuser huit à dix pieds pour parvenir au sol de l'arène sur lequel s'escrimaient les gladiateurs, car autrement la loge des empereurs primitivement revêtue de marbre blanc, se serait trouvée de plein-pied avec lui et les animaux féroces auraient eu beau jeu à franchir la première galerie ; nous pensons aussi qu'entre cette loge centrale intercalée dans la même galerie et le rang de loges publiques situé au-dessus, il régnait une seconde galerie laquelle se trouverait masquée par le talus en gazon qui remplit ce large intervalle ; sans être grand connaisseur, il suffit de jeter un coup d'œil pour voir qu'il manque quelque chose là et nous sommes persuadés qu'en faisant disparaître ce talus insignifiant, agréable sans doute dans un jardin anglais, l'aspect général du Cirque en profiterait.

Après avoir long-temps contemplé et parcouru en tous sens ces magnifiques et imposans vestiges de la puissance des Romains si loin de la mère-patrie, et nous être reposés sur les sièges en pierre qui garnissent encore la grande galerie, comme pour une prochaine représentation, nous avons dirigé nos pas vers l'antique forteresse occupée par Guillaume-le-Conquérant et dont les vieilles tours semblent vouloir écraser le Cirque situé à son pied ; mais avec la meilleure volonté du monde, nous n'en dirons rien, attendu que leur propriétaire, M. Prosper l'Evêque, fabricant de cotonnades, en a défendu formellement l'entrée ; il n'y a pas moyen de séduire avec de l'argent son cerbère de jardinier. Nous regrettons vivement pour les amateurs d'archéologie, que ces belles ruines modernes, n'appartiennent pas au département aussi bien que celles des Romains ; nous regrettons même qu'il n'y ait pas une loi pour exproprier de pareils détenteurs ; car n'est-ce pas la chose la plus déplorable du monde, de rencontrer un obstacle de ce genre quand il s'agit de visiter des monumens qui non seulement font l'orgueil du pays, mais appartiennent de fait à son histoire. Il en est de cela, comme si le gouvernement se plaisait à garder constamment dans sa poche, la clef des musées et des bibliothèques publiques ; mais l'égoïsme dans ce bas-monde s'applique à tout, aussi bien aux écus qu'aux choses intellectuelles et qui sont du domaine des masses.

Nous avons donc quitté à regret Lillebonne sans pouvoir tout étudier ; la lune répandait alors une douce lumière dans cette contrée admirablement boisée et riche de tant de souvenirs historiques ; en passant devant le Cirque, les aspérités de ses murailles démantelées par le temps, dessinaient sur un ciel d'une pureté extrême, capable de rivaliser avec celui d'Italie, les silhouettes les plus fantastiques : on aurait cru y distinguer les ombres des victimes dont les cris dans le silence de la nuit semblent encore retentir aux oreilles. Plus loin en approchant de Bolbec, nous passâmes assez près des ruines de l'ancienne abbaye du Vallasse, dont la seule tourelle effilée et bien conservée qui subsiste encore, coiffée aux trois quarts supérieurs d'un lierre grimpant, offrait de loin l'aspect d'un moine gigantesque et bien nourri, se promenant encapuchonné au clair de la lune.

Le temps nous a manqué pour examiner Bolbec avec détail ; mais il nous a suffi pour y remarquer deux beaux groupes en marbre blanc qui proviennent dit-on, l'un du parc de Versailles et l'autre de Marly. Comment en serions nous surpris, lorsque plusieurs ornemens architecturaux du Cirque de Lillebonne, telles que des colonnes, ont servi jadis à embellir l'abbaye de Jumièges ; n'en est-il pas des statues, des bas-reliefs, des tableaux, etc. comme des hommes? ne sont-ils pas destinés à voyager ou à changer de maîtres, tant qu'on en peut tirer quelque parti ?

FIN

www.ingramcontent.com/pod-product-compliance
Ingram Content Group UK Ltd.
Pitfield, Milton Keynes, MK11 3LW, UK
UKHW021150140726
13695UKWH00005B/2047